The Dragon and Other Stories: Bilingual Danish-English Stories for Kids

Pomme Bilingual

Published by Pomme Bilingual, 2024.

THE DRAGON AND OTHER STORIES: BILINGUAL DANISH-ENGLISH STORIES FOR KIDS

First edition. July 1, 2024.

Copyright © 2024 Pomme Bilingual.

ISBN: 979-8223832201

Written by Pomme Bilingual.

Table of Contents

Benny og Den Storslåede Sommerfest

———

Der var engang en lille, livlig bie ved navn Benny, der boede i en blomstereng fyldt med farverige blomster og summende venner. Benny var ikke som de andre bier; han var altid på udkig efter eventyr og nye oplevelser. Mens de andre bier arbejdede flittigt, var Benny ofte blevet fanget i drømme om spændende rejser og store fester.

En dag, mens solen skinnede som en stor, gylden bold på himlen, kom der en spændende nyhed fra den kloge gamle bi, Mormor Bie. Hun fløj omkring med et vigtig udtryk og sagde, "Der vil snart være en Storslået Sommerfest i Engen! Det er en fest, hvor bierne fra hele skoven kommer sammen for at fejre sommeren!"

Benny blev straks fyldt med glæde. Han elskede fester, men denne fest lød som noget helt særligt. Han forestillede sig en fest fyldt med lækre nektarretter, farverige lys og en musik, der fik alle til at danse. "Jeg må være med til denne fest!" tænkte Benny og begyndte straks at forberede sig.

Han fløj rundt i engen for at finde de bedste blomster og samle den mest vidunderlige nektar. Benny fandt hurtigt ud af, at det ikke var så let. Blomsterne var ikke blot farverige, men også meget forskellige. Nogle blomster var for små, andre var for store, og nogle havde meget lidt nektar. Men Benny gav ikke op. Han vidste, at for at finde den perfekte nektar, måtte han udforske hele engen.

En dag, mens han fløj rundt, stødte han på en stor, flot blomst, som han aldrig havde set før. Denne blomst var høj og stærk, og dens kronblade var fyldt med lysende farver. Benny fløj hen til blomsten og begyndte at suge den søde nektar. "Denne nektar er fantastisk!" tænkte han og fyldte sin lille mage med den.

Men lige da han skulle til at flyve væk, stødte han på en lille, sørgmodig edderkop, der sad fast i et spindelvæv. "Hjælp mig, ven," sagde edderkoppen, "jeg er fanget i mit eget spindelvæv, og jeg kan ikke komme ud."

Benny blev betaget af edderkoppens nød og besluttede at hjælpe. Han fløj hen til edderkoppen og begyndte at bide i spindelvævet med sine små, skarpe tænder. Det tog lidt tid, men til sidst lykkedes det Benny at befri edderkoppen. Edderkoppen takkede Benny og sagde, "Du har reddet mig. Hvordan kan jeg gengælde din venlighed?"

"Jeg skal til den store sommerfest i aften," sagde Benny. "Jeg vil elske at have noget specielt nektar til festen."

Edderkoppen smilede og sagde, "Jeg har noget meget specielt, som jeg kan give dig. Det er en hemmelig nektar, som kun jeg kender."

Edderkoppen gik hen til en lille krog af sit spindelvæv og hentede en krukke med en glitrende, gylden væske. "Denne nektar vil få din fest til at blive uforglemmelig," sagde edderkoppen og gav krukken til Benny.

Benny fløj hen til festen med den gyldne nektar og blev mødt af en fantastisk scene. Engen var oplyst af farverige lys, og bierne fra hele skoven dansede og lavede sjov. Benny satte krukken med den hemmelige nektar på et bord, og snart begyndte bierne at smage på den. Alle blev imponerede over den vidunderlige smag, og festen blev endnu mere storslået.

Benny blev beundret af alle sine venner for hans hjælp og den fantastiske nektar, han havde bragt. Han havde aldrig haft det sjovere i sit liv og nød hvert eneste øjeblik af festen. Den lille, livlige bie, der elskede eventyr, havde endnu en gang vist, at det at hjælpe andre kan føre til store belønninger.

Da solen gik ned, og stjernerne begyndte at lyse op på himlen, fløj Benny hjem med et smil på læben og en varm følelse i sit lille bierhjert. Han vidste, at han havde haft en sommerfest, han aldrig ville glemme.

Og sådan endte eventyret om Benny og den Storslåede Sommerfest, men Benny vidste, at der altid ville være flere eventyr rundt om hjørnet, klar til at blive opdaget.

Benny and the Magnificent Summer Party

Once upon a time, there was a little, lively bee named Benny who lived in a meadow full of colorful flowers and buzzing friends. Benny was not like the other bees; he was always on the lookout for adventure and new experiences. While the other bees worked diligently, Benny often got lost in dreams of exciting journeys and grand parties.

One day, as the sun shone like a big golden ball in the sky, exciting news came from the wise old bee, Grandma Bee. She buzzed around with an important expression and said, "There will soon be a Magnificent Summer Party in the Meadow! It's a party where bees from all over the forest come together to celebrate summer!"

Benny was immediately filled with joy. He loved parties, but this party sounded like something truly special. He imagined a party filled with delicious nectar treats, colorful lights, and music that made everyone dance. "I must be at this party!" thought Benny and immediately began preparing.

He buzzed around the meadow to find the best flowers and gather the most wonderful nectar. Benny quickly discovered that it was not so easy. The flowers were not just colorful but very different. Some flowers were too small, others were too big, and some had very little nectar. But Benny did not give up. He knew that to find the perfect nectar, he had to explore the entire meadow.

One day, while buzzing around, he came across a large, beautiful flower he had never seen before. This flower was tall and strong, and its petals were filled with glowing colors. Benny flew to the flower and started sipping the sweet nectar. "This nectar is fantastic!" he thought and filled his little belly with it.

But just as he was about to fly away, he came across a small, sad spider stuck in a web. "Help me, friend," said the spider, "I'm trapped in my own web, and I can't get out."

Benny was moved by the spider's plight and decided to help. He flew over to the spider and began to bite at the web with his tiny sharp teeth. It took some time, but eventually, Benny managed to free the spider. The spider thanked Benny and said, "You've saved me. How can I repay your kindness?"

"I'm going to the big summer party tonight," said Benny. "I would love to have something special for the party."

The spider smiled and said, "I have something very special that I can give you. It's a secret nectar that only I know about."

The spider went to a little corner of its web and fetched a jar with a shimmering, golden liquid. "This nectar will make your party unforgettable," said the spider and handed the jar to Benny.

Benny flew to the party with the golden nectar and was greeted by a fantastic scene. The meadow was lit up with colorful lights, and bees from all over the forest were dancing and having fun. Benny placed the jar of secret nectar on a table, and soon the bees began to taste it. Everyone was impressed by the wonderful flavor, and the party became even more magnificent.

Benny was admired by all his friends for his help and the fantastic nectar he had brought. He had never had more fun in his life and enjoyed every single moment of the party. The little lively bee who loved adventures had once again shown that helping others can lead to great rewards.

As the sun set and the stars began to twinkle in the sky, Benny flew home with a smile on his face and a warm feeling in his little bee heart. He knew he had experienced a summer party he would never forget.

And so ended the tale of Benny and the Magnificent Summer Party, but Benny knew that there would always be more adventures around the corner, ready to be discovered.

Mikkel og Den Fantastiske Kagebutik

Der var engang en lille, modig mus ved navn Mikkel, der boede i et hyggeligt lille hus under en stor ege i en malerisk skov. Mikkel var ikke en helt almindelig mus; han havde en fantastisk evne til at finde på de mest fantastiske idéer og elskede eventyr. Selvom han var lille, drømte han store drømme om fantastiske opdagelser og vidunderlige oplevelser.

En solrig morgen, mens Mikkel nød sin morgenmad bestående af små krummer og ost, så han noget mærkeligt gennem sit lille vindue. En stor, lysende butik var åbnet overfor den lille muselandsby. Denne butik var ikke som nogen anden butik, Mikkel nogensinde havde set. Den var fyldt med farverige balloner, søde dufte og et skilt der sagde: "Den Fantastiske Kagebutik - Hvor Drømme Bliver Til Virkelighed!"

Mikkel blev straks nysgerrig og besluttede at undersøge, hvad der gemte sig bag de farverige gardiner. Han havde hørt mange historier om den bedste kage i hele skoven, men ingen havde nogensinde set denne butik før.

Da Mikkel trådte ind i butikken, blev han mødt af en vidunderlig duft af nybagt kage, der fyldte hele rummet. Butikken var fyldt med alle mulige kager - store og små, runde og firkantede, farverige og enkle. I et hjørne af butikken stod der en meget venlig butiksindehaver, en gammel, vis skildpadde ved navn Herr Krummelur.

"Hvor er det skønt at se dig, lille mus!" sagde Herr Krummelur med et venligt smil. "Jeg er Herr Krummelur, og jeg ejer denne butik. Hvad kan jeg hjælpe dig med i dag?"

Mikkel kiggede op på Herr Krummelur med store øjne og sagde, "Jeg har hørt om de vidunderlige kager her, og jeg vil gerne smage én. Men jeg har ikke så mange penge. Kan jeg måske gøre noget for at få en kage?"

Herr Krummelur tænkte et øjeblik og sagde så, "Vi er altid på udkig efter hjælp. Butikken kræver meget arbejde, og jeg kunne godt bruge en hjælper. Hvis du er villig til at hjælpe mig i et par dage, vil jeg give dig en af vores specielle kager som tak."

Mikkel blev begejstret og sagde, "Jeg vil meget gerne hjælpe! Hvad skal jeg gøre?"

Herr Krummelur forklarede, at Mikkel skulle hjælpe med at pakke kager, rydde op i butikken og sikre, at alle kunder blev glade og tilfredse. Mikkel gik straks i gang med arbejdet. Han havde aldrig før arbejdet i en kagebutik, men han elskede hver eneste opgave. Han pakkede kagerne forsigtigt ind i smukke papirer, sørgede for, at butikken så flot ud, og smilede til alle de glade kunder.

En dag, mens Mikkel arbejdede flittigt, kom en meget speciel kunde ind i butikken. Det var en stor, elegant ugle ved navn Ulla, der bar en smuk, glitrende kappe. Ulla var kendt som skovens mest kloge skabning, og alle respekterede hende. Mikkel blev meget nervøs, da han så Ulla, men han gik hurtigt hen til hende for at hjælpe.

"Velkommen til Den Fantastiske Kagebutik, fru Ulla," sagde Mikkel med et lille skævt smil. "Hvordan kan jeg hjælpe dig i dag?"

Ulla kiggede ned på Mikkel med et venligt blik og sagde, "Jeg leder efter en meget speciel kage til en fest, jeg skal holde i aften. Jeg har hørt, at denne butik laver de bedste kager i hele skoven. Kan du hjælpe mig med at finde noget helt særligt?"

Mikkel nikkede ivrigt og sagde, "Selvfølgelig! Jeg vil finde den perfekte kage til dig."

Han fløj rundt i butikken og ledte efter noget, der var specielt nok til Ulla. Efter et stykke tid fandt han en vidunderlig kage, som var dekoreret med glitrende stjerner og farverige blomster. Det var den mest fantastiske kage, han nogensinde havde set.

"Er dette noget, du kan lide?" spurgte Mikkel og viste Ulla kagen.

Ulla så på kagen med beundring og sagde, "Åh, det er perfekt! Denne kage vil være den ideelle dessert til min fest. Tak, lille mus. Jeg ved, du har arbejdet hårdt, og jeg vil gerne belønne dig."

Hun fløj ned fra sin plads og rakte Mikkel en smuk gaveæske. "Inde i denne æske er en lille gave til dig som tak for din hjælp."

Mikkel åbnede æsken og fandt en glitrende, lille krukke med flydende honning og en lille note. Noten sagde, "Denne honning er speciel og vil bringe dig lykke og eventyr. Brug den med omtanke."

Mikkel var meget glad og taknemmelig. Han tog æsken og gik tilbage til arbejdet med et smil på læben. Han vidste, at denne honning ville bringe ham endnu flere eventyr i fremtiden.

Da dagen var omme, og butikken lukkede, tog Mikkel sin belønning og fløj hjem til sit lille hus under ege. Han havde haft en fantastisk dag og var stolt af det hårde arbejde, han havde gjort.

Da han kom hjem, lavede han en lille fest for sig selv med lidt af honningen og nogle små krummer, han havde opbevaret. Han tænkte på alle de vidunderlige kager og den fantastiske butik, han havde arbejdet i, og vidste, at han havde haft en oplevelse, han aldrig ville glemme.

Og sådan endte eventyret om Musen Mikkel og Den Fantastiske Kagebutik. Mikkel vidste, at selvom han havde haft en vidunderlig dag, ville der altid være nye eventyr, der ventede på ham, klar til at blive opdaget.

Mickey and the Fantastic Cake Shop

Once upon a time, there was a little, brave mouse named Mickey who lived in a cozy little house beneath a large oak tree in a picturesque forest. Mickey was not an ordinary mouse; he had an extraordinary knack for coming up with the most fantastic ideas and loved adventures. Although he was small, he dreamed big dreams of fantastic discoveries and wonderful experiences.

One sunny morning, while Mickey enjoyed his breakfast of tiny crumbs and cheese, he saw something strange through his little window. A large, bright shop had opened across from the small mouse village. This shop was unlike any other Mickey had ever seen. It was filled with colorful balloons, sweet smells, and a sign that read: "The Fantastic Cake Shop - Where Dreams Come True!"

Mickey was instantly curious and decided to investigate what lay behind the colorful curtains. He had heard many stories about the best cake in the whole forest, but no one had ever seen this shop before.

When Mickey stepped into the shop, he was greeted by a delightful aroma of freshly baked cakes that filled the entire room. The shop was filled with all sorts of cakes—big and small, round and square, colorful and plain. In one corner of the shop stood a very friendly shopkeeper, an old, wise turtle named Mr. Crumble.

"It's wonderful to see you, little mouse!" said Mr. Crumble with a warm smile. "I'm Mr. Crumble, and I own this shop. How can I assist you today?"

Mickey looked up at Mr. Crumble with wide eyes and said, "I've heard about the marvelous cakes here, and I'd love to try one. But I don't have much money. Can I do something to earn a cake?"

Mr. Crumble thought for a moment and then said, "We're always looking for help. The shop requires a lot of work, and I could use an extra hand. If you're willing to help me for a few days, I'll give you one of our special cakes as a thank you."

Mickey was thrilled and said, "I'd be delighted to help! What should I do?"

Mr. Crumble explained that Mickey needed to help with packing cakes, tidying up the shop, and ensuring that all customers were happy and satisfied. Mickey immediately got to work. He had never worked in a cake shop before, but he loved every single task. He carefully wrapped the cakes in beautiful papers, made sure the shop looked great, and smiled at all the happy customers.

One day, while Mickey was working diligently, a very special customer came into the shop. It was a large, elegant owl named Ulla, wearing a beautiful, glittering cape. Ulla was known as the wisest creature in the forest, and everyone respected her. Mickey was very nervous when he saw Ulla, but he quickly went over to assist her.

"Welcome to The Fantastic Cake Shop, Ms. Ulla," said Mickey with a little crooked smile. "How can I help you today?"

Ulla looked down at Mickey with a friendly gaze and said, "I'm looking for a very special cake for a party I'm hosting tonight. I've heard that this shop makes the best cakes in the whole forest. Can you help me find something truly special?"

Mickey nodded eagerly and said, "Of course! I'll find the perfect cake for you."

He darted around the shop, searching for something special enough for Ulla. After a while, he found a magnificent cake decorated with shimmering stars and colorful flowers. It was the most fantastic cake he had ever seen.

"Is this something you like?" asked Mickey, showing Ulla the cake.

Ulla looked at the cake with admiration and said, "Oh, it's perfect! This cake will be the ideal dessert for my party. Thank you, little mouse. I know you've worked hard, and I'd like to reward you."

She fluttered down from her perch and handed Mickey a beautiful gift box. "Inside this box is a small gift for you as a thank you for your help."

Mickey opened the box and found a glittering, little jar of liquid honey and a small note. The note read, "This honey is special and will bring you happiness and adventure. Use it wisely."

Mickey was overjoyed and grateful. He took the box and went back to his work with a smile on his face. He knew that this honey would bring him even more adventures in the future.

When the day was over and the shop closed, Mickey took his reward and flew home to his little house under the oak. He had had a fantastic day and was proud of the hard work he had done.

When he got home, he had a little celebration with some of the honey and a few crumbs he had saved. He thought about all the wonderful cakes and the fantastic shop he had worked in and knew he had had an experience he would never forget.

And so ended the tale of Mickey the Mouse and The Fantastic Cake Shop. Mickey knew that although he had had a wonderful day, there would always be new adventures waiting for him, ready to be discovered.

Mormor Magdas Magiske Eventyr

———

Der var engang en lille by ved navn Solrød, hvor alt var ganske almindeligt - bortset fra én meget speciel ting: Mormor Magda boede der. Mormor Magda var ikke som de andre bedstemødre. Hun havde en lille, hyggelig hytte fyldt med krukker, bøger og sjove ting, der alle havde en magisk hemmelighed.

Mormor Magda var kendt for sine magiske eventyr og for at kunne løse enhver form for problem med et lille trylleslag eller en skvæt af hendes hemmelige eliksirer. Men hun havde en særlig gave, som ingen andre havde - hun kunne lave ting levendegjorte med sin magiske evne. Den lille by Solrød havde haft mange fantastiske oplevelser med Mormor Magda, men det mest spændende var endnu ikke sket.

En dag, mens solen var ved at forsvinde bag horisonten, og de fleste børn i byen legede udenfor, gik en lille pige ved navn Clara ind til Mormor Magdas hytte. Clara var en nysgerrig pige med en fantasi, der var større end hendes lille krop. Hun elskede at besøge Mormor Magda, fordi hver gang hun kom forbi, opstod der et nyt eventyr.

Da Clara åbnede døren til hytten, blev hun mødt af en duft af nybagt kage og en lille skål med stjernestøv, der glitrede som små diamanter på bordet. Mormor Magda sad ved et gammeldags skrivebord og arbejdede på en stor, gammel bog. Hendes lange grå hår var viklet op i en knold, og hendes briller hang på næsespidsen som en lille skæbne-fortælling.

"Hej, Mormor Magda!" sagde Clara med et stort smil. "Hvad laver du i dag?"

Mormor Magda så op og smilede tilbage. "Åh, hej Clara. Jeg arbejder på en ny opskrift på en magisk kage, som jeg håber, vil bringe lykke til dem, der smager den. Men jeg har brug for hjælp til at finde en meget sjælden ingrediens."

"En sjælden ingrediens?" gentog Clara med spænding. "Hvad er det for en ingrediens?"

Mormor Magda rømmede sig og sagde, "Jeg leder efter det legendariske lysende krystal-pulver. Det er en magisk ingrediens, der kun findes én gang om året, og i år er det tid. Krystal-pulveret er skjult i den fortryllede skov, som ligger på den anden side af floden."

Clara blev straks fyldt med eventyrlyst. "Jeg vil gerne hjælpe dig med at finde det, Mormor Magda! Lad os tage afsted nu!"

Mormor Magda nikkede og sagde, "Det er en god idé, Clara. Men vi skal være forsigtige. Den fortryllede skov er fuld af mysterier og magi. Vi skal sørge for, at vi er godt forberedt."

Mormor Magda og Clara gik hen til Mormor Magdas lille, magiske bil, som så ud som om den var lavet af skyer og stjerner. Den kørte af sted med et lille bølgeskud og bar dem gennem en skov af glitrende træer og forbi et lysende bånd af regnbuer.

Da de nåede til floden, var det en smuk, krystalklar strøm, der glitrede i månens lys. Mormor Magda tog en lille flaske ud af sin taske og hældte en skvæt af stjernestøv i vandet. Floden begyndte at skinne endnu mere, og en magisk bro dukkede op fra dybet, som førte dem over til den fortryllede skov.

Skoven var fyldt med farverige blomster, der sang, og træer, der hviskede hemmeligheder til hinanden. Clara og Mormor Magda gik videre, mens de fulgte en skæbnevej, som Mormor Magda havde forberedt på forhånd. Efter lidt tid stødte de på en lille, venlig trold, der sad ved siden af en stor, gylden skål fyldt med bær.

"Hej der!" sagde trolden. "Hvad bringer jer til den fortryllede skov?"

"Vi leder efter det lysende krystal-pulver," svarede Mormor Magda. "Har du set noget sådan omkring her?"

Trolden kiggede på dem med et skævt smil og sagde, "Måske har jeg det, måske har jeg ikke. Men jeg kan hjælpe jer, hvis I først hjælper mig med en opgave."

"En opgave?" spurgte Clara. "Hvad skal vi gøre?"

Trolden nikkede og sagde, "Jeg har en meget stor samling af bær, som jeg skal sortere efter farve. Hvis I kan hjælpe mig med det, vil jeg give jer et spor til krystal-pulveret."

Clara og Mormor Magda gik straks i gang med at sortere bærrene. Det var sjovt, men også en lille smule udfordrende. De arbejdede sammen og sang sange, mens de sorterede bærrene i røde, blå, grønne og gule grupper. Efter en tid havde de gjort et flot stykke arbejde, og trolden var meget glad.

"Tak for hjælpen!" sagde trolden og gav Clara og Mormor Magda en lille krystal-perle. "Dette vil lede jer til det lysende krystal-pulver."

Mormor Magda tog krystal-perlen og sagde, "Mange tak, ven. Vi skal tage dette spor til det lysende krystal-pulver."

De fulgte krystal-perlen gennem skoven, og snart fandt de en skjult åbning i en stor, gammeldags eg. Inde i åbningen var der en lille, glitrende kiste, som var dækket af et tæppe af stjerner.

Mormor Magda og Clara åbnede kisten, og inden i var det lysende krystal-pulver, de havde ledt efter. Det var endnu smukkere, end de havde forestillet sig - det glitrede som tusind stjerner og fyldte luften med en vidunderlig duft.

"Vi har fundet det!" sagde Clara triumferende. "Nu kan vi lave den magiske kage!"

Mormor Magda smilede og sagde, "Ja, Clara. Vi har haft et vidunderligt eventyr. Lad os tage hjem og bruge krystal-pulveret til at lave kagen."

De tog krystal-pulveret og vendte tilbage til Solrød. Da de kom hjem, begyndte Mormor Magda at bage den magiske kage. Hver ingrediens blev tilsat med et lille trylleslag, og kagen blev mere og mere vidunderlig, mens den blev lavet.

Da kagen var færdig, var den smukkere end noget, de nogensinde havde set. Den var dækket af glitrende stjerner og duftede som en sommermorgen. Mormor Magda skar et stykke og gav det til Clara, som smagte på det med store øjne.

"Det er den bedste kage, jeg nogensinde har smagt!" sagde Clara. "Tak, Mormor Magda, for dette eventyr."

Mormor Magda smilede og sagde, "Selv tak, Clara. Du har været en vidunderlig hjælp. Jeg er så glad for, at vi kunne finde krystal-pulveret og lave denne kage."

Da solen gik ned, og stjernerne begyndte at lyse op på himlen, sad Mormor Magda og Clara sammen og nød kagen. De talte om alle de vidunderlige ting, de havde oplevet, og vidste, at dette eventyr ville være noget, de aldrig ville glemme.

Og sådan endte eventyret om Mormor Magda og Clara og deres magiske kage. De vidste, at der altid ville være nye eventyr, der ventede på dem, og de glædede sig til at opleve dem alle sammen.

Grandma Magda's Magical Adventure

Once upon a time, there was a little town called Solrød, where everything was quite ordinary—except for one very special thing: Grandma Magda lived there. Grandma Magda was not like other grandmothers. She had a quaint little cottage filled with jars, books, and curious items, each with its own magical secret.

Grandma Magda was known for her magical adventures and for solving any problem with a little spell or a splash of her secret potions. But she had one special gift that no one else had—she could bring things to life with her magical touch. The little town of Solrød had experienced many wonderful things with Grandma Magda, but the most exciting event had yet to happen.

One day, as the sun was setting behind the horizon and most of the town's children were playing outside, a little girl named Clara walked into Grandma Magda's cottage. Clara was a curious girl with an imagination bigger than her small body. She loved visiting Grandma Magda because every time she came by, a new adventure would unfold.

As Clara opened the door to the cottage, she was greeted by the scent of freshly baked cake and a small bowl of star dust that sparkled like tiny diamonds on the table. Grandma Magda sat at an old-fashioned desk, working on a large, ancient book. Her long gray hair was wrapped up in a bun, and her glasses perched on the tip of her nose like a little fortune-telling device.

"Hello, Grandma Magda!" said Clara with a big smile. "What are you doing today?"

Grandma Magda looked up and smiled back. "Oh, hello Clara. I'm working on a new recipe for a magical cake that I hope will bring happiness to those who taste it. But I need help finding a very rare ingredient."

"A rare ingredient?" Clara repeated with excitement. "What kind of ingredient is it?"

Grandma Magda cleared her throat and said, "I'm looking for the legendary glowing crystal powder. It's a magical ingredient that only appears once a year, and this year is the time. The crystal powder is hidden in the enchanted forest, which is on the other side of the river."

Clara was immediately filled with a sense of adventure. "I'd love to help you find it, Grandma Magda! Let's go now!"

Grandma Magda nodded and said, "That's a good idea, Clara. But we need to be careful. The enchanted forest is full of mysteries and magic. We need to make sure we're well-prepared."

Grandma Magda and Clara walked to Grandma Magda's little, magical car, which looked like it was made of clouds and stars. It set off with a little wave and carried them through a forest of shimmering trees and past a glowing ribbon of rainbows.

When they reached the river, it was a beautiful, crystal-clear stream that sparkled in the moonlight. Grandma Magda took a small bottle from her bag and poured a splash of star dust into the water. The river began to shine even brighter, and a magical bridge appeared from the depths, leading them to the enchanted forest.

The forest was filled with colorful flowers that sang, and trees that whispered secrets to each other. Clara and Grandma Magda walked on, following a destiny path that Grandma Magda had prepared in advance. After a while, they came across a small, friendly troll sitting beside a large, golden bowl filled with berries.

"Hello there!" said the troll. "What brings you to the enchanted forest?"

"We're looking for the glowing crystal powder," replied Grandma Magda. "Have you seen anything like that around here?"

The troll looked at them with a crooked smile and said, "Maybe I have it, maybe I don't. But I can help you if you first help me with a task."

"A task?" Clara asked. "What do we need to do?"

The troll nodded and said, "I have a very large collection of berries that I need to sort by color. If you can help me with that, I'll give you a clue to the crystal powder."

Clara and Grandma Magda immediately set to work sorting the berries. It was fun, but also a bit challenging. They worked together and sang songs as they sorted the berries into red, blue, green, and yellow groups. After a while, they had done a great job, and the troll was very pleased.

"Thank you for your help!" said the troll, handing Clara and Grandma Magda a small crystal charm. "This will lead you to the glowing crystal powder."

Grandma Magda took the crystal charm and said, "Thank you very much, friend. We'll follow this clue to the crystal powder."

They followed the crystal charm through the forest and soon found a hidden opening in a large, ancient oak. Inside the opening was a small, glittering chest covered with a blanket of stars.

Grandma Magda and Clara opened the chest, and inside was the glowing crystal powder they had been searching for. It was even more beautiful than they had imagined—it sparkled like a thousand stars and filled the air with a wonderful scent.

"We found it!" Clara said triumphantly. "Now we can make the magical cake!"

Grandma Magda smiled and said, "Yes, Clara. We've had a wonderful adventure. Let's go home and use the crystal powder to make the cake."

They took the crystal powder and returned to Solrød. When they got home, Grandma Magda began baking the magical cake. Each ingredient was added with a little spell, and the cake became more and more wonderful as it was made.

When the cake was finished, it was more beautiful than anything they had ever seen. It was covered with glittering stars and smelled like a summer morning. Grandma Magda cut a slice and gave it to Clara, who tasted it with wide eyes.

"This is the best cake I've ever tasted!" said Clara. "Thank you, Grandma Magda, for this adventure."

Grandma Magda smiled and said, "You're welcome, Clara. You've been a wonderful help. I'm so glad we could find the crystal powder and make this cake."

As the sun set and the stars began to light up the sky, Grandma Magda and Clara sat together and enjoyed the cake. They talked about all the wonderful things they had experienced and knew that this adventure would be something they would never forget.

And so ended the tale of Grandma Magda and Clara and their magical cake. They knew that there would always be new adventures waiting for them, and they looked forward to experiencing them all.

Regnbue-Ruben og Den Store Farveskat

Der var engang en lille by ved navn Farveland, hvor der altid var gråt og trist, fordi regnbuer sjældent dukkede op. Byen var fyldt med grå bygninger, grå gader og grå skyer, der aldrig kunne beslutte sig for at lade solen skinne igennem. Men midt i alt det grå, boede en farverig lille dreng ved navn Ruben.

Ruben var ikke som de andre børn i byen. Han elskede farver og drømte om at se en regnbue, for han havde kun hørt om dem i bøger og fra de gamle historier, der blev fortalt ved sengetid. En dag, mens Ruben sad ved sin favoritvæg i parken og lavede farverige tegninger med sine kridt, hørte han et sus fra den lokale postkasse. En lille glitrende pakke var lige kommet til byen.

Ruben skyndte sig hen til postkassen og åbnede pakken, som var fyldt med strålende farverige konfetti og et lille kort. Kortet sagde: "Kære Ruben, jeg har set din længsel efter farver. Følg det magiske spor af farver, og du vil finde den største skat af alle – en regnbue, der aldrig vil forsvinde. Venlig hilsen, Den Magiske Sky."

Ruben kunne næsten ikke tro sine egne øjne. Han havde altid ønsket at finde en regnbue, og nu havde han fået et magisk kort som en vejledning! Han besluttede straks at følge de farverige spor, som skulle føre ham til skatten.

Sporene begyndte ved den store gamle eg i parken, hvor Rubens eventyr startede. De farverige konfetti og glitrende stjerner strakte sig over vejen og førte Ruben videre. Han gik gennem Farvelands grå gader og fandt snart, at sporene førte ham til den gamle, mystiske skov udenfor byen.

Den gamle skov var fuld af hemmeligheder og mystik. Træerne hviskede i vinden, og der var en lysende, glitrende sti, der snor sig gennem skoven. Ruben fulgte stien, der så ud som om den var lavet af glitrende stjernestøv og magiske lys. Han gik længere og længere ind i skoven, mens det blev mørkere og mørkere, men sporene skinnede stadig klart.

Pludselig stødte Ruben på en lille elv, der strømmede gennem skoven. Vandet var krystalklart og glitrede i det svage måneskær. På bredden af elven sad en lille fe med vinger, der glitrede som regnbuens farver. Feen så op på Ruben og sagde med en venlig stemme, "Velkommen, Ruben. Jeg er Lysia, feen af farverne. Jeg har ventet på dig."

Ruben blev forbløffet og sagde, "Hvordan vidste du, at jeg ville komme?"

Lysia smilede og svarede, "Det vidste jeg, fordi jeg har set din længsel efter farver. Jeg vil hjælpe dig med at finde regnbuen. Men først skal du hjælpe mig med en lille opgave."

"En opgave?" spurgte Ruben nysgerrigt. "Hvad skal jeg gøre?"

Lysia rakte en lille krukke frem og sagde, "Denne krukke indeholder farveblanding, som er nødvendig for at finde regnbuen. Jeg skal have dig til at finde tre magiske blomster i skoven – en rød, en blå og en gul. Disse blomster vil give os de nødvendige farver til at skabe regnbuen."

Ruben nikkede beslutsomt og begyndte straks at lede efter de magiske blomster. Han gik gennem skoven og fandt hurtigt den røde blomst, der voksede ved siden af en lille glitrende sø. Den blå blomst fandt han i en lysning, hvor et par små, glitrende fugle fløjtede en sød melodi. Den gule blomst var den sværeste at finde, men til sidst opdagede han den, som den strålede fra toppen af en høj bakke.

Med alle tre blomster i hånden vendte Ruben tilbage til Lysia. Feen tog blomsterne og hældte dem forsigtigt i krukken med farveblandingen. Krukken begyndte at gløde og fyldte skoven med et blødt lys. Lysia sagde, "Nu har vi alle de farver, vi har brug for. Lad os fortsætte vores rejse."

De fulgte en lysende sti, der førte dem til en skjult dal. Dalens sider var dækket af krystaller, der reflekterede lys på smukke måder. I midten af dalen var der en stor, cirkulær platform lavet af glitrende stjerner. Lysia lavede en magisk bevægelse med sine vinger, og platformen begyndte at lyse op.

Ruben så, hvordan de forskellige farver fra krukken blev absorberet af stjernerne på platformen. Langsomt begyndte en regnbue at danne sig, som strakte sig over hele dalen og fyldte luften med et vidunderligt lys.

"Det er en regnbue!" sagde Ruben begejstret. "Det er den smukkeste regnbue, jeg nogensinde har set!"

Lysia smilede og sagde, "Ja, Ruben. Denne regnbue er ikke som andre. Den vil aldrig forsvinde, fordi du har fundet de magiske farver. Nu kan du nyde regnbuens skønhed og dele den med alle i din by."

Ruben takkede Lysia og tog afsked med hende, mens han gik tilbage til Farveland. Da han nåede hjem, løb han rundt og fortalte alle om regnbuen. Byens folk blev meget glade og løb hen til dalen for at se det vidunderlige syn.

Da de så regnbuen, begyndte byen Farveland at ændre sig. De grå bygninger blev farverige, og folk begyndte at male deres hjem i de smukkeste farver. Byen blev fyldt med liv og glæde, og alle kunne nu nyde regnbuens skønhed hver dag.

Ruben blev en helt i byen, og han vidste, at han altid ville have en særlig forbindelse til regnbuen. Han besøgte den ofte og nød den magiske skønhed, som aldrig ville forsvinde.

Og således endte eventyret om Regnbue-Ruben og Den Store Farveskat. Ruben havde ikke kun fundet en regnbue, men også bragt farver og glæde til hele sin by. Farveland blev aldrig mere grå, og Ruben vidste, at hans eventyr altid ville bringe lys og farver til hans liv.

Rainbow Ruben and the Great Color Treasure

Once upon a time, there was a small town called Colorland, where it was always gray and dreary because rainbows rarely appeared. The town was filled with gray buildings, gray streets, and gray clouds that could never decide to let the sun shine through. But amid all the gray, lived a colorful little boy named Ruben.

Ruben was not like the other children in town. He loved colors and dreamed of seeing a rainbow, for he had only heard about them in books and from old bedtime stories. One day, while Ruben sat by his favorite wall in the park making colorful drawings with his chalk, he heard a rustle from the local mailbox. A small, glittering package had just arrived in town.

Ruben hurried over to the mailbox and opened the package, which was filled with dazzling colorful confetti and a small card. The card read: "Dear Ruben, I have seen your longing for colors. Follow the magical trail of colors, and you will find the greatest treasure of all—a rainbow that will never fade. Sincerely, The Magical Cloud."

Ruben could hardly believe his eyes. He had always wished to find a rainbow, and now he had received a magical card as a guide! He immediately decided to follow the colorful trail that would lead him to the treasure.

The trail began at the large old oak tree in the park, where Ruben's adventure started. The colorful confetti and sparkling stars stretched across the path and led Ruben further. He walked through Colorland's gray streets and soon found that the trail led him to the old, mysterious forest outside the town.

The old forest was full of secrets and mystique. The trees whispered in the wind, and there was a glowing, shimmering path winding through the forest. Ruben followed the path, which looked like it was made of sparkling stardust and magical lights. He ventured deeper into the forest as it grew darker and darker, but the trail still shone brightly.

Suddenly, Ruben came across a small stream flowing through the forest. The water was crystal clear and glittered in the faint moonlight. On the bank of the stream sat a tiny fairy with wings that sparkled like the colors of the rainbow. The fairy looked up at Ruben and said in a friendly voice, "Welcome, Ruben. I am Lysia, the fairy of colors. I have been waiting for you."

Ruben was amazed and said, "How did you know I would come?"

Lysia smiled and replied, "I knew because I have seen your longing for colors. I will help you find the rainbow. But first, you need to help me with a small task."

"A task?" Ruben asked curiously. "What do I need to do?"

Lysia held out a small jar and said, "This jar contains color mixture, which is necessary to find the rainbow. I need you to find three magical flowers in the forest—one red, one blue, and one yellow. These flowers will give us the needed colors to create the rainbow."

Ruben nodded determinedly and immediately set out to find the magical flowers. He walked through the forest and quickly found the red flower growing beside a little glittering pond. He found the blue flower in a clearing where a few tiny, sparkling birds sang a sweet melody. The yellow flower was the hardest to find, but eventually, he discovered it shining from the top of a high hill.

With all three flowers in hand, Ruben returned to Lysia. The fairy took the flowers and carefully poured them into the jar of color mixture. The jar began to glow and filled the forest with a soft light. Lysia said, "Now we have all the colors we need. Let's continue our journey."

They followed a glowing path that led them to a hidden valley. The valley's sides were covered with crystals that reflected light in beautiful ways. In the middle of the valley was a large, circular platform made of sparkling stars. Lysia made a magical movement with her wings, and the platform began to light up.

Ruben watched as the different colors from the jar were absorbed by the stars on the platform. Slowly, a rainbow began to form, stretching across the entire valley and filling the air with a wonderful light.

"It's a rainbow!" Ruben said excitedly. "It's the most beautiful rainbow I've ever seen!"

Lysia smiled and said, "Yes, Ruben. This rainbow is not like any other. It will never fade because you have found the magical colors. Now you can enjoy the beauty of the rainbow and share it with everyone in your town."

Ruben thanked Lysia and said goodbye as he made his way back to Colorland. When he arrived home, he ran around telling everyone about the rainbow. The townsfolk were thrilled and rushed to the valley to see the wonderful sight.

When they saw the rainbow, the town of Colorland began to change. The gray buildings became colorful, and people started painting their homes in the most beautiful hues. The town was filled with life and joy, and everyone could now enjoy the beauty of the rainbow every day.

Ruben became a hero in town, and he knew that he would always have a special connection to the rainbow. He visited it often and enjoyed its magical beauty that would never fade.

And so ended the adventure of Rainbow Ruben and the Great Color Treasure. Ruben had not only found a rainbow but had also brought colors and joy to his entire town. Colorland was never gray again, and Ruben knew that his adventures would always bring light and colors to his life.

Den Gule Cykel og Det Magiske Eventyr

I en lille, stille by ved navn Glimmerby boede en dreng ved navn Emil. Emil var en ganske almindelig dreng med en ganske almindelig cykel – eller så troede han, det var tilfældet. Hans cykel var gammel og træt, men det var ikke det værste ved den. Den værste del var, at cyklen var kedelig grå, og Emil ønskede sig en cykel, der var farverig og sprudlende, som hans venskaber og drømme.

Emil havde i lang tid drømt om en strålende, gul cykel, som han kunne køre rundt på og skille sig ud fra mængden. Men da han ikke havde råd til en ny cykel, satte han sig for at gøre det bedste ud af sin gamle grå cykel. Hver dag, når Emil cyklede til skole eller til parken, kunne han ikke lade være med at drømme om den gyldne cykel, som han så ofte forestillede sig.

En dag, da Emil var på vej hjem fra skolen, opdagede han noget, han aldrig havde set før. I en lille, støvet butik, der lå gemt væk i en lille gyde, så han en skilt, der sagde: "Magiske Cykler – Kun i Dag!" Emil blev straks nysgerrig og gik ind i butikken. Inde i butikken var der en smuk, gammel mand, der sad bag disken med et venligt smil.

"Velkommen, unge mand," sagde den gamle mand. "Hvad kan jeg hjælpe dig med?"

Emil tøvede lidt og sagde, "Jeg så skiltet udenfor, og jeg ville gerne se, hvad det handler om."

Den gamle mand nikkede forstående og sagde, "Åh, det er en speciel dag. Vi har magiske cykler, der kan bringe dine drømme til livs. Er der noget specielt, du ønsker dig?"

Emil så rundt i butikken og hans øjne faldt på en glitrende, gul cykel, der stod i et hjørne. Den så ud som om den var lavet af solens stråler. Emil blev henrykt. "Jeg drømmer om en sådan cykel!" sagde han. "Men jeg har ikke penge til at købe den."

Den gamle mand smilte og sagde, "Nogle gange er der ting, man kan få uden at bruge penge. Hvis du har et rent hjerte og en god vilje, kan du få denne cykel som gave. Men du skal først gennemføre en lille opgave."

Emil blev spændt. "Hvad er opgaven?"

Den gamle mand tog en lille æske op fra disken og åbnede den. Inde i æsken lå et glitrende kort med et kort over en hemmelig skov. "Denne skov er fyldt med magiske væsener og mystiske skatte. Du skal finde tre specielle stjerner, der er skjult i skoven. Hvis du finder dem, vil du få cyklen som din."

Emil tog kortet og takkede den gamle mand. Han skyndte sig hjem og forberedte sig på sin rejse til den magiske skov. Han tog sin gamle cykel med, men med det nye kort i hånden og drømmen om den gule cykel i sit hjerte, følte han sig fyldt med håb og spænding.

Den næste morgen, efter en solid nat med drømme om stjerner og eventyr, begav Emil sig afsted. Han fulgte kortet og fandt snart en stien, der førte ham til skoven. Skoven var fyldt med mystiske lyde og glitrende lys, der lyste op i mørket. Emil fulgte stien, der var dækket af smukke blomster og glitrende stjerner.

Pludselig stødte Emil på en lille elv, hvor der sad en venlig lille fe, der viftede med sine vinger og sang en sød melodi. Feen så på Emil og sagde, "Velkommen til vores magiske skov. Jeg er Stella, stjernesangens fe. Hvad bringer dig her?"

Emil forklarede sin mission om at finde de tre specielle stjerner og få den gyldne cykel. Stella smilede og sagde, "Du skal finde de tre stjerner. Den første stjerne er gemt i en sø, som lyser op ved midnat. Den anden stjerne er skjult i en gammel egeskrædder, der synger en melodi af glemsel. Den tredje stjerne er gemt i den lysende krystalhule."

Emil nikkede taknemmeligt og gik afsted. Han fandt snart søen, som skinnede i månens skær ved midnat. Vandet var krystalklart, og der, på bunden af søen, glitrede den første stjerne som en stjerne på himlen. Emil dykkede ned og greb stjernen, der var varm og lysende i hans hænder.

Den næste opgave førte Emil til den gamle egeskrædder, der stod i en lysning. Egen var stor og gammel, og dens grene bevægede sig, som om det syngende skridter. Emil gik nærmere og opdagede, at skridtet spillede en melodi, der mindede ham om hans egen barndom. Han fandt den anden stjerne skjult i en knudret gren og greb den med forsigtighed.

Den tredje stjerne var den sværeste at finde. Emil gik ind i den lysende krystalhule, der var fyldt med fantastiske krystaller, der reflekterede lyset på smukke måder. Hulevægge glitrede som regnbuer, og Emil søgte i mørket, indtil han fandt den tredje stjerne gemt i en skyggefuld krog.

Med alle tre stjerner i hånden vendte Emil tilbage til den gamle butik. Den gamle mand stod ved disken og ventede med et venligt smil. Emil præsenterede stjernerne, og den gamle mand tog dem og placerede dem i en smuk, gyldne cykel, der så endnu mere strålende ud end før.

"Du har fuldført din opgave," sagde den gamle mand. "Denne cykel er nu din. Målrettethed og god vilje har givet dig denne belønning."

Emil kunne næsten ikke tro sine egne øjne. Han satte sig på den gyldne cykel og følte en bølge af glæde og frihed. Cyklen kørte som en drøm, og hvert skridt føltes som et eventyr. Emil cyklede hjem med et stort smil på ansigtet.

Da han kom tilbage til Glimmerby, blev folk i byen forbløffet over den strålende, gule cykel. Emil blev hurtigt kendt som drengen med den magiske cykel, og hver gang han kørte rundt i byen, fyldte han den med glæde og beundring.

Den gamle, grå cykel blev givet til en ven, som satte pris på dens historie, og Emil brugte sin nye, gule cykel til at sprede glæde, hvor han end gik. Han cyklede til skolen, til parken, og til alle de steder, hvor han kunne dele sin lykke med andre.

Og således blev Emil ikke kun kendt for sin smukke, gule cykel, men også for hans venlige hjerte og eventyrlystne ånd. Han vidste, at magi ikke kun fandtes i stjerner og glitrende cykler, men også i viljen til at hjælpe andre og følge sine drømme.

Glimmerby blev en by fyldt med farver og glæde, takket være Emil og hans magiske, gule cykel. Og hver gang Emil cyklede gennem byen, kunne folk ikke lade være med at smile, for de vidste, at selv de mest fantastiske drømme kunne blive virkelighed med lidt beslutsomhed og et godt hjerte.

The Yellow Bicycle and the Magical Adventure

Once upon a time, in a small, quiet town called Glimmerby, lived a boy named Emil. Emil was an ordinary boy with an ordinary bicycle – or so he thought. His bike was old and weary, but that wasn't the worst part. The worst part was that the bike was a dull gray, and Emil longed for a bicycle that was colorful and vibrant, just like his friendships and dreams.

Emil had dreamed for a long time of having a bright, yellow bicycle that he could ride around on and stand out from the crowd. But since he couldn't afford a new bike, he decided to make the best of his old gray one. Every day, as Emil cycled to school or to the park, he couldn't help but daydream about the golden bicycle he so often imagined.

One day, as Emil was on his way home from school, he noticed something he had never seen before. In a small, dusty shop tucked away in a little alley, he saw a sign that read: "Magical Bicycles – Today Only!" Emil was immediately intrigued and went into the shop. Inside, there was a lovely old man behind the counter with a warm smile.

"Welcome, young man," said the old man. "How can I help you?"

Emil hesitated for a moment and said, "I saw the sign outside, and I wanted to see what it's all about."

The old man nodded understandingly and said, "Ah, today is a special day. We have magical bicycles that can bring your dreams to life. Is there something special you are wishing for?"

Emil looked around the shop, and his eyes fell on a glittering yellow bicycle in the corner. It looked as if it were made of sunshine. Emil was thrilled. "I've dreamed of having a bike like that!" he said. "But I don't have the money to buy it."

The old man smiled and said, "Sometimes, there are things you can get without spending money. If you have a pure heart and a good will, you can have this bicycle as a gift. But first, you must complete a small task."

Emil was excited. "What is the task?"

The old man took a small box from the counter and opened it. Inside the box was a glittering map with a route to a secret forest. "This forest is filled with magical creatures and mysterious treasures. You must find three special stars hidden in the forest. If you find them, the bicycle will be yours."

Emil took the map and thanked the old man. He hurried home and prepared for his journey to the magical forest. He took his old bicycle with him, but with the new map in hand and the dream of the yellow bicycle in his heart, he felt filled with hope and excitement.

The next morning, after a good night's sleep filled with dreams of stars and adventure, Emil set out. He followed the map and soon found a path leading him to the forest. The forest was filled with mysterious sounds and twinkling lights that illuminated the darkness. Emil followed the path, covered in beautiful flowers and sparkling stars.

Suddenly, Emil came across a little stream where a friendly fairy was fluttering her wings and singing a sweet melody. The fairy looked at Emil and said, "Welcome to our magical forest. I am Stella, the Fairy of Star Songs. What brings you here?"

Emil explained his mission to find the three special stars and get the golden bicycle. Stella smiled and said, "You need to find the three stars. The first star is hidden in a lake that glows at midnight. The second star is hidden in an ancient oak tree that sings a song of forgetfulness. The third star is hidden in the glowing crystal cave."

Emil nodded gratefully and set off. He soon found the lake, which shimmered in the moonlight at midnight. The water was crystal clear, and there, at the bottom of the lake, the first star sparkled like a star in the sky. Emil dove down and grabbed the star, which was warm and glowing in his hands.

The next task led Emil to the ancient oak tree standing in a clearing. The oak was large and old, and its branches moved as if it were singing. Emil approached and discovered that the tree was playing a melody that reminded him of his own childhood. He found the second star hidden in a knotted branch and carefully took it.

The third star was the hardest to find. Emil entered the glowing crystal cave, which was filled with fantastic crystals reflecting light in beautiful ways. The cave walls glittered like rainbows, and Emil searched in the darkness until he found the third star hidden in a shadowy corner.

With all three stars in hand, Emil returned to the old shop. The old man stood behind the counter, waiting with a kind smile. Emil presented the stars, and the old man took them and placed them on a beautiful golden bicycle that looked even more radiant than before.

"You have completed your task," said the old man. "This bicycle is now yours. Determination and good will have earned you this reward."

Emil could hardly believe his eyes. He mounted the golden bicycle and felt a wave of joy and freedom. The bike rode like a dream, and each pedal felt like an adventure. Emil rode home with a big smile on his face.

When he returned to Glimmerby, people were amazed by the radiant yellow bicycle. Emil quickly became known as the boy with the magical bike, and every time he rode around town, he filled it with joy and admiration.

The old gray bicycle was given to a friend who appreciated its history, and Emil used his new yellow bike to spread happiness wherever he went. He rode to school, to the park, and to all the places where he could share his joy with others.

And so, Emil became known not only for his beautiful yellow bicycle but also for his kind heart and adventurous spirit. He knew that magic was not just found in stars and glittering bicycles, but also in the willingness to help others and follow one's dreams.

Glimmerby became a town filled with color and joy, thanks to Emil and his magical yellow bicycle. And every time Emil rode through the town, people couldn't help but smile, for they knew that even the most fantastic dreams could come true with a little determination and a good heart.

Drømmen

I den lille by Solby boede en lille pige ved navn Clara. Clara var en fantasifuld pige med en stor drøm. Hver nat, når hun lagde sig til at sove, drømte hun om fantastiske eventyr, der strakte sig langt ud over Solbys grænser. Men Clara havde én særlig drøm, hun ønskede sig mere end noget andet – en fødselsdag, der blev fejret med et stjerneskud.

Clara's fødselsdag nærmede sig, og hun var meget spændt. I år ville hun fylde 8 år, og hendes største ønske var, at hendes fødselsdagsfest skulle være som en drøm fra en magisk nat. Hun fortalte alle sine venner og familie om sin drøm, men de fleste af dem smilede og sagde, at det bare var en drøm, og at hun måske skulle forvente noget mere almindeligt.

Men Clara gav ikke op. Hun begyndte at planlægge sin fest omhyggeligt. Hun lavede invitationer, som hun tegnede selv, med billeder af stjerneskud og glitrende nætter. Hun skrev i indbydelserne: "Kom til en magisk stjerneskudsfest, hvor drømme bliver til virkelighed!" Hun hængte også op små stjerneklistermærker over hele huset og satte op stjerneskyer lavet af glitrende pap.

På den store dag vågnede Clara tidligt og kiggede ud af vinduet. Det var en klar, stjerneklar nat, og hun håbede på, at det ville være en nat, hvor stjernerne ville danne et stjerneskud. Da gæsterne begyndte at ankomme, var de alle klædt i stjerneskyer og glitrende kostumer, som Clara havde ønsket. Festen begyndte at tage form, og alle havde det sjovt, men Clara kunne ikke lade være med at føle en smule skuffelse. Heller ikke en eneste stjerne skinnede ekstra klart denne aften.

Mens alle dansede og legede, begyndte Clara at sidde alene ved bordet og tænkte på, at måske var hendes drøm for god til at være sand. Lige da hun var ved at give op, gik døren op, og en lille, mystisk skikkelse trådte ind. Det var en fe med glitrende vinger og et smil, der kunne lyse op i et mørkt rum.

"God aften, Clara," sagde feen med en melodisk stemme. "Jeg har hørt om din drøm, og jeg er her for at hjælpe dig."

Clara's øjne blev store af overraskelse. "Er du virkelig en fe? Hvordan kan du hjælpe mig?"

Feen nikkede og sagde, "Jeg er Luna, stjernens fe. Jeg har hørt om din ønskedrøm, og jeg vil gøre mit bedste for at gøre den til virkelighed. Men du skal hjælpe mig med en lille opgave."

Clara nikkede ivrigt. "Hvad er opgaven?"

Luna smilede og sagde, "Der er en særlig stjerne, der er blevet væk, og jeg har brug for din hjælp til at finde den. Hvis vi finder den, vil vi sammen kunne skabe det stjerneskud, du har drømt om."

Clara og Luna gik ud i den stille nat, og Luna forklarede, at stjernen var en meget sjælden stjerne, der kun kunne findes, når man havde et rent hjerte og en vilje til at hjælpe andre. De begyndte at lede over hele byen og endda ud i den nærliggende skov. Clara og Luna søgte under træer, langs floder og gennem marker, men stjernen var stadig ikke at finde.

Mens de ledte, talte Clara og Luna om deres drømme og håb. Clara fortalte Luna om hendes ønsker om at gøre verden til et bedre sted, og Luna delte historier om hendes arbejde som stjernens beskytter. De opdagede hurtigt, at de havde meget til fælles, og deres venskab voksede stærkt.

Efter mange timer med søgen og næsten opgivende følelser, fandt de endelig en lysende glimt i en lille dal. De gik tættere på og opdagede en smuk, lysende stjerne, der flød ovenpå en lille sø. Stjernen var fyldt med en magisk glød og kunne næsten ikke ses, fordi den skinnede så stærkt.

Luna tog stjernen og sagde, "Vi har fundet den! Nu skal vi kun få den til at skabe et stjerneskud."

De gik tilbage til festen, og Luna placerede stjernen på en særlig platform midt på festen. Hun begyndte at recitere en magisk besværgelse, og stjernen begyndte at lyse endnu mere strålende. Pludselig, som om stjernerne selv havde hørt Clara's ønsker, begyndte et stjerneskud at danne sig på himlen.

Festen blev straks fyldt med glæde og forundring. Alle gæsterne kiggede op og så det smukkeste stjerneskud, de nogensinde havde set. Stjernens lys spredte sig over hele himlen og skabte et lysende bånd, der indrammede Clara's fødselsdagsfest.

Clara så op på stjerneskuddet med tårer af glæde i øjnene. Hun kiggede på Luna og sagde, "Tak, Luna! Dette er det mest vidunderlige stjerneskud, jeg nogensinde har set."

Luna smilede og sagde, "Det var din vilje og dine drømme, der gjorde dette muligt. Du har et magisk hjerte, Clara, og det er noget, du skal værne om."

Med Luna's hjælp blev Clara's drøm til virkelighed, og hendes fødselsdag blev fejret med et stjerneskud, som hun aldrig ville glemme. Festen fortsatte hele natten, fyldt med glæde, latter og magiske øjeblikke.

Da natten blev til morgen, sagde Luna farvel til Clara og fløj væk på et glitrende skud af stjernelys. Clara vågnede næste morgen med et smil på læben, og hun vidste, at hendes drøm var blevet virkelig.

Hver gang hun kiggede op på stjernerne, mindedes hun den magiske nat og den fantastiske fødselsdagsfest, som hun aldrig ville glemme. Clara lærte, at med håb, vilje og et åbent hjerte, kunne selv de mest vidunderlige drømme blive til virkelighed.

Og således endte Clara's drøm om det stjerneskudte eventyr, som hun og hendes venner ville huske for altid. I Solby blev stjernerne endnu mere magiske, og Clara's fødselsdag blev en historie, der blev fortalt i mange år fremover.

The Dream

In the little town of Solby lived a little girl named Clara. Clara was an imaginative girl with a big dream. Every night, when she lay down to sleep, she dreamed of fantastic adventures that stretched far beyond Solby's borders. But Clara had one special dream she wanted more than anything else—a birthday celebrated with a shooting star.

Clara's birthday was approaching, and she was very excited. This year she would turn 8, and her greatest wish was for her birthday party to be like a dream from a magical night. She told all her friends and family about her dream, but most of them smiled and said it was just a dream and that she should expect something more ordinary.

But Clara didn't give up. She began to plan her party carefully. She made invitations, which she drew herself, with pictures of shooting stars and glittering nights. She wrote on the invitations: "Come to a magical shooting star party, where dreams come true!" She also put up small star stickers all over the house and set up star clouds made of glittering paper.

On the big day, Clara woke up early and looked out the window. It was a clear, starry night, and she hoped it would be a night where the stars would form a shooting star. When the guests began to arrive, they were all dressed in star clouds and glittering costumes, just as Clara had wished. The party began to take shape, and everyone was having fun, but Clara couldn't help feeling a bit disappointed. Not a single star shone extra brightly that night.

While everyone danced and played, Clara sat alone at the table, thinking that maybe her dream was too good to be true. Just as she was about to give up, the door opened, and a small, mysterious figure stepped in. It was a fairy with glittering wings and a smile that could light up a dark room.

"Good evening, Clara," said the fairy with a melodic voice. "I have heard about your dream, and I am here to help you."

Clara's eyes grew wide with surprise. "Are you really a fairy? How can you help me?"

The fairy nodded and said, "I am Luna, the star fairy. I have heard about your wish, and I will do my best to make it come true. But you must help me with a small task."

Clara nodded eagerly. "What is the task?"

Luna smiled and said, "There is a special star that has gone missing, and I need your help to find it. If we find it, we can create the shooting star you've dreamed of."

Clara and Luna went out into the quiet night, and Luna explained that the star was a very rare star that could only be found when one had a pure heart and a willingness to help others. They began searching all over the town and even into the nearby forest. Clara and Luna searched under trees, along rivers, and through fields, but the star was still nowhere to be found.

As they searched, Clara and Luna talked about their dreams and hopes. Clara told Luna about her wishes to make the world a better place, and Luna shared stories of her work as the protector of stars. They quickly discovered that they had much in common, and their friendship grew strong.

After many hours of searching and feeling almost ready to give up, they finally saw a glowing glimpse in a small valley. They approached closer and discovered a beautiful, glowing star floating on a small pond. The star was filled with a magical glow and was almost invisible because it shone so brightly.

Luna took the star and said, "We've found it! Now we just need to make it create a shooting star."

They went back to the party, and Luna placed the star on a special platform in the middle of the celebration. She began reciting a magical incantation, and the star started to shine even more brightly. Suddenly, as if the stars themselves had heard Clara's wishes, a shooting star began to form in the sky.

The party was instantly filled with joy and wonder. All the guests looked up and saw the most beautiful shooting star they had ever seen. The star's light spread across the entire sky, creating a glowing ribbon that framed Clara's birthday party.

Clara looked up at the shooting star with tears of joy in her eyes. She looked at Luna and said, "Thank you, Luna! This is the most wonderful shooting star I've ever seen."

Luna smiled and said, "It was your will and your dreams that made this possible. You have a magical heart, Clara, and it's something you should cherish."

With Luna's help, Clara's dream came true, and her birthday was celebrated with a shooting star she would never forget. The party continued all night long, filled with joy, laughter, and magical moments.

As the night turned to morning, Luna said goodbye to Clara and flew away on a shimmering beam of starlight. Clara woke up the next morning with a smile on her face, and she knew that her dream had come true.

Every time she looked up at the stars, she remembered that magical night and the fantastic birthday party she would never forget. Clara learned that with hope, will, and an open heart, even the most wonderful dreams could become reality.

And so, Clara's dream of the shooting star adventure ended, and it was a story that she and her friends would remember forever. In Solby, the stars became even more magical, and Clara's birthday became a story that was told for many years to come.

Dragen der Elskede Is

I den lille landsby Skovkilde boede en dreng ved navn Anton, som elskede eventyr. Anton var en nysgerrig og modig dreng, og hans yndlingsdrøm var at finde en rigtig, levende drage. Han havde læst alle bøger, der fandtes om drager, og hans værelse var fyldt med drageplakater og dragelegetøj.

En dag, mens Anton gik en tur gennem skovene omkring Skovkilde, opdagede han noget usædvanligt. En lille, gnistrende rød ting lå halvskjult under et væld af bregner. Anton bøjede sig ned og opdagede, at det var en meget gammel, slidt bog. Den var dækket af støv og spidse kanter, men den var udsmykket med et billede af en drage, der så ud som om den var ved at flyve ud af bogen.

Anton kunne ikke vente med at åbne bogen, og han satte sig ned på jorden for at læse den. Til sin store forundring fandt han, at bogen indeholdt en fortælling om en magisk drage ved navn Ignis, der boede i en skjult dal langt væk. Bogen beskrev, hvordan dragen havde en speciel evne til at puste is ud af sine næsebor og skabte smukke isbilleder og isskulpturer.

Antons hjerte begyndte at banke af spænding. Hvis denne bog var sand, måtte det betyde, at Ignis virkelig eksisterede! Anton besluttede sig for at finde den skjulte dal og møde Ignis. Han pakkede en rygsæk med nogle nødvendigheder: en lommelygte, et kort, lidt mad og en lille krukke honning, som han altid bar med sig til sine eventyr.

På sin rejse fulgte Anton kortet fra bogen og fandt snart en skjult indgang til dalen. Dalen var fyldt med fantastiske is-skabninger – glitrende isbjørne, isfloder og isvande, der blev oplyst af magiske lys. Anton så rundt med store øjne og kunne ikke tro, at han virkelig befandt sig i et sådant magisk sted.

Pludselig så Anton en stor iskolonne, der så ud til at være lavet af det reneste is. På toppen af denne kolonne sad en stor, smuk drage med skæl, der glitrede som tusinde stjerner. Dragen havde lange, majestætiske vinger og et venligt udtryk i sine øjne. Det var Ignis, den magiske drage fra bogen!

Anton tog en dyb indånding og gik mod Ignis. "Er du virkelig Ignis?" spurgte han nervøst.

Ignis rystede let på hovedet og sendte et venligt smil til Anton. "Ja, det er jeg. Velkommen til min dal. Hvad bringer dig her?"

Anton forklarede sin mission om at finde Ignis og om sin store beundring for hans iskunst. Ignis lyttede opmærksomt og sagde derefter: "Jeg er glad for at møde dig, Anton. Jeg har i mange år været i denne dal, og jeg skaber iskunst for at bringe glæde til verden. Men min magi har været svækket for nylig, og jeg har haft svært ved at skabe den skønhed, jeg plejede."

"Hvordan kan jeg hjælpe?" spurgte Anton, ivrig efter at gøre noget godt.

Ignis tænkte et øjeblik og sagde derefter: "For at genvinde min magi skal jeg finde en sjælden iskrystal, der er skjult et sted i dalen. Denne krystal har en særlig kraft, der kan styrke min iskunst. Hvis du finder krystallen, vil jeg kunne bruge den til at genvinde min magi og skabe endnu smukkere kunst."

Anton var spændt og besluttede straks at hjælpe Ignis. Han begyndte sin søgen i dalen og ledte gennem isfloder og isbjerglandskaber. Han mødte mange fantastiske væsner undervejs – små isfugle, der fløj omkring og lavede smukke isperler, og iskaniner, der hoppede rundt og lavede små isfigurer. Alle gav ham tip og råd om, hvor krystallen kunne være.

Efter mange timers søgen og forskellige forsøg fandt Anton en lille, skjult grotte, som var fyldt med en mystisk, blålilla lys. I grottens midte, på en piedestal lavet af is, lå den sjældne iskrystal. Den skinnede med en lys, kold glans og syntes at danse i lyset.

Anton tog forsigtigt krystallen og gik tilbage til Ignis' iskolonne. Ignis så på krystallen med store, taknemmelige øjne og sagde: "Du har fundet den! Tak, Anton. Denne krystal vil genvinde min magi og bringe den tilbage til mig."

Ignis tog krystallen og begyndte at bruge sin magi. Han pustede forsigtigt på krystallen, og en bølge af magisk is begyndte at sprede sig over dalen. Isbjergene glitrede endnu mere, og nye isbilleder og skulpturer begyndte at dukke op overalt. Dalen blev fyldt med den mest fantastiske skønhed, som Anton nogensinde havde set.

Som tak for hans hjælp lavede Ignis en særlig gave til Anton. Han skabte en smuk isstatue af Anton selv, der red på en isdrage. Anton blev rørt over denne gave og vidste, at han havde oplevet noget helt specielt.

Da Anton skulle hjem, sagde Ignis farvel med et varmt smil. "Jeg håber, at du altid vil huske denne dag som en, hvor du gjorde en forskel. Tak for din venlighed og hjælp."

Anton vendte tilbage til Skovkilde, og hans oplevelse blev hurtigt kendt i hele landsbyen. Alle var fascinerede over de fantastiske historier om iskunst og den magiske drage. Anton blev en lokal helt, og hans historie inspirerede mange til at tro på magi og eventyr.

Hver gang Anton gik gennem skovene omkring Skovkilde, kiggede han op mod dalen og tænkte på Ignis og det vidunderlige eventyr, de havde haft sammen. Han vidste, at drømme virkelig kunne blive til virkelighed, og at magi eksisterede, hvis man bare troede på det.

Og sådan endte Antons eventyr med Ignis, den iselskende drage, og hans historie blev en del af Skovkildes lokale legender, fortalt igen og igen til de næste generationer af børn, der drømte om at finde deres egen magiske drage.

The Dragon Who Loved Ice

In the small village of Skovkilde lived a boy named Anton, who loved adventures. Anton was a curious and brave boy, and his favorite dream was to find a real, living dragon. He had read all the books about dragons and his room was filled with dragon posters and dragon toys.

One day, while Anton was taking a walk through the forests around Skovkilde, he discovered something unusual. A small, sparkling red object lay half-hidden under a tangle of ferns. Anton bent down and found that it was an old, worn book. It was covered in dust and had jagged edges, but it was adorned with a picture of a dragon that looked as though it was about to fly out of the book.

Anton couldn't wait to open the book, and he sat down on the ground to read it. To his great astonishment, he found that the book contained a tale about a magical dragon named Ignis, who lived in a hidden valley far away. The book described how the dragon had a special ability to breathe ice from its nostrils and created beautiful ice pictures and ice sculptures.

Anton's heart began to race with excitement. If this book was true, it meant that Ignis was real! Anton decided to find the hidden valley and meet Ignis. He packed a backpack with some essentials: a flashlight, a map, some food, and a small jar of honey that he always carried on his adventures.

On his journey, Anton followed the map from the book and soon found a hidden entrance to the valley. The valley was filled with fantastic ice creatures – glittering ice bears, ice rivers, and ice waters illuminated by magical lights. Anton looked around with wide eyes and couldn't believe he was actually in such a magical place.

Suddenly, Anton saw a large ice column that looked like it was made of the purest ice. At the top of this column sat a large, beautiful dragon with scales that sparkled like a thousand stars. The dragon had long, majestic wings and a friendly expression in its eyes. It was Ignis, the magical dragon from the book!

Anton took a deep breath and walked towards Ignis. "Are you really Ignis?" he asked nervously.

Ignis gently shook its head and sent a friendly smile to Anton. "Yes, I am. Welcome to my valley. What brings you here?"

Anton explained his mission to find Ignis and his great admiration for the dragon's ice art. Ignis listened attentively and then said, "I am glad to meet you, Anton. I have been in this valley for many years, creating ice art to bring joy to the world. But my magic has been weakening recently, and I have had trouble creating the beauty I used to."

"How can I help?" Anton asked, eager to do something good.

Ignis thought for a moment and then said, "To regain my magic, I need to find a rare ice crystal that is hidden somewhere in the valley. This crystal has a special power that can strengthen my ice art. If you find the crystal, I will be able to use it to regain my magic and create even more beautiful art."

Anton was excited and immediately decided to help Ignis. He began his search in the valley, exploring ice rivers and ice landscapes. He encountered many fantastic creatures along the way – small ice birds that flew around making beautiful ice beads, and ice rabbits that hopped about creating little ice figures. They all gave him tips and advice on where the crystal might be.

After many hours of searching and various attempts, Anton found a small, hidden cave that was filled with a mysterious, bluish-purple light. In the middle of the cave, on a pedestal made of ice, lay the rare ice crystal. It shone with a cool, bright glow and seemed to dance in the light.

Anton carefully took the crystal and made his way back to Ignis' ice column. Ignis looked at the crystal with big, grateful eyes and said, "You have found it! Thank you, Anton. This crystal will restore my magic and bring it back to me."

Ignis took the crystal and began to use his magic. He gently breathed on the crystal, and a wave of magical ice began to spread throughout the valley. The icebergs glittered even more, and new ice pictures and sculptures started appearing everywhere. The valley was filled with the most fantastic beauty that Anton had ever seen.

As a thank you for his help, Ignis made a special gift for Anton. He created a beautiful ice statue of Anton himself, riding on an ice dragon. Anton was touched by this gift and knew he had experienced something truly special.

As Anton prepared to leave, Ignis bid him farewell with a warm smile. "I hope you always remember this day as one where you made a difference. Thank you for your kindness and help."

Anton returned to Skovkilde, and his adventure quickly became known throughout the village. Everyone was fascinated by the amazing stories of ice art and the magical dragon. Anton became a local hero, and his story inspired many to believe in magic and adventure.

Every time Anton walked through the forests around Skovkilde, he looked up towards the valley and thought of Ignis and the wonderful adventure they had together. He knew that dreams could really come true and that magic existed if you just believed in it.

And so, Anton's adventure with Ignis, the ice-loving dragon, ended, and his story became part of Skovkilde's local legends, told again and again to the next generations of children who dreamed of finding their own magical dragon.